해어진 신발과 헤어진 봉구는 헷갈려!

이주미 글
이경석 그림

웅진주니어

봉구야 그 뜻이 아니라니까

　번개를 맞고 초능력이 생긴 사람들이 있다는 소문을 가끔 듣습니다. 번개를 맞은 뒤 기적적으로 살아나서 무거운 오토바이나 자동차를 번쩍 들 만큼 힘이 세졌거나, 아주 먼 곳을 볼 수 있게 되거나 아주 작은 소리를 들을 수 있게 된 사람도 있답니다. 어떤 사진 작가는 폭풍우가 몰아칠 때 해변에서 사진을 찍다가 번개를 맞았는데 살아났답니다. 신기하게도 그 뒤로 사람의 마음을 읽을 수 있게 되었다지요?

우리 봉구도 자기가 번개를 맞고 살아났다고 우깁니다.
하지만 그건 사실이 아니에요. 비가 오나 눈이 오나 바람이
부나 밖으로 쏘다니기 좋아하는 봉구가 어느 날 길에서
무시무시한 번개를 만나긴 했습니다. 겁 많은 우리 봉구는
번개가 치자마자 냅다 뛰었지요. 앞도 보지 않고 정신없이
내달렸지요. 그러다 전봇대에 머리를 쾅 부딪혔답니다.
머릿속에서 꼭 번개가 치는 것 같았겠지요. 이마에는
자두만 한 혹이 생겼고요.

그런데 웬일인지 봉구에게도 신기한 일이 벌어졌답니다.
말을 할 수 있게 된 거지요. 멍멍 짖기만 하던 강아지에게
초능력이 생긴 거예요.

요즘도 봉구는 매일 귀가 따갑게 떠들어 댑니다.
가끔 엉뚱한 말을 해서 사람들을 어리둥절하게 만들지만
그래도 신통하긴 해요.

가끔 봉구가 우쭐대며 이렇게 말합니다.

"아, 아쉽다. 내가 번개 맞았을 때 4개 국어를 하게 됐으면 얼마나 좋아."

고등학생인 봉희 누나가 영어 공부 한다고 쌀라쌀라
알아듣지 못할 말을 하고 있으면 봉구는 더 크게 외칩니다.
"아으, 아깝다!"

진짜 동생?

봉구는 봉희 누나만 졸졸 따라다녀요. 봉희 누나한테 잠시도 눈을 떼지 못하지요. 봉희 누나가 하는 건 뭐든지 따라 하고 싶으니까요.

봉희 누나가 욕실 안으로 들어간 지 벌써 30분째, 봉구는 욕실 앞에서 문이 열리기만 기다렸어요. 봉희 누나가 똥을 누거나 목욕할 때만큼은 들여다보지 않기로 약속했거든요.

마침내 욕실 문이 열렸고, 봉희 누나가 물이 뚝뚝 떨어지는 머리카락을 수건으로 감싸고 나왔어요. 봉희 누나한테서 향긋한 샴푸 냄새가 났어요. 봉희 누나는 곧장 선풍기 앞으로 가서

수건으로 머리를 털었어요. 긴 머리가 바람에 찰랑찰랑 흔들렸지요.

"아, 시원해. 바람이 세니까 좋다."

봉희 누나는 누가 간질이기라도 하듯 야릇한 표정을 지었어요. 휴대 전화가 울린 건 봉희 누나가 깃털처럼 날아가는 시늉을 하고 있을 때였지요.

봉희 누나는 여태 전화 벨 소리만 기다리고 있었던 것처럼 후다닥 주머니에서 휴대 전화를 꺼냈어요. 그리고 목소리를 낮추어 속삭였지요.

"영아야, 잠깐 기다려. 방에 가서 받을게."

봉희 누나는 요즘 부쩍 비밀이 많아졌어요. 국어 선생님을 짝사랑하게 됐다나 뭐라나. 방으로 뛰어 들어간 봉희 누나는 문을 꼭 닫아 버렸어요.

봉구는 봉희 누나가 무얼 하고 있을지 안 봐도 알아요. 통화하면서 책상 위에 두 발을 올려놓고 발뒤꿈치의 굳은살을 벅벅 긁고 있을 거예요. 종이에 낙서를 하거나 의자를 빙빙 돌려 보거나 발을 동동 구르며 깔깔대기도 할 거고요.

어쨌든 지금은 봉희 누나가 사라져 줘서 좋았어요. 선풍기를 독차지할 수 있게 됐으니까요. 봉구도 봉희 누나처럼 간지러운 듯이 바람을 쐐 보고 싶었거든요.

봉구는 선풍기 앞에 머리를 대 보았어요. 털이 바람에 날려 이리저리 가르마가 생겼어요.

"어우어우, 시원해. 바람이 새니까 좋다."

봉구가 선풍기를 물끄러미 바라보았어요. 갑자기 궁금한 게 생겼거든요.

"그런데 바람이 어디서 새는 거지?"

선풍기를 살펴보았지만 도대체 바람이 어디서 새는지 알 수가 없었어요.

"저 구멍에서 새나? 도대체 바람을 다 어디다 모아 둔 걸까?"

봉구는 약풍과 강풍 버튼을 차례로 눌러 보았어요. 강풍을 눌렀다가 바람이 너무 세서 털이 홀랑 벗겨지는 줄 알았어요.

플러그를 뽑고 선풍기를 눕혀 바람이 새는 곳을 꼼꼼히 살피고 있을 때였어요.

봉희 누나 방에서 말소리가 새어 나왔어요.

"봉구는 자기가 진짜 내 동생인 줄 알아."

선풍기 플러그도 뽑았는데 온몸에 찌릿 전기가 통한 것처럼 정신이 번쩍 났어요. 봉구는 귀를 쫑긋 세우고 살며시 봉희 누나 방으로 다가갔어요.

"강아지가 어떻게 내 진짜 동생이 될 수 있냐!"

봉구 눈에 눈물이 맺혔어요.

'내가 진짜 동생이지, 가짜 동생이야? 강아지가 뭐 어때서!'

봉구 눈에서 눈물이 똑똑 떨어졌어요. 엿듣는 건 나쁜 행동이지만 봉구는 방문에 귀를 바짝 대고 숨을 죽였어요.

"알지? 봉구한테는 비밀이야. 비밀이 새면 곤란해. 봉구가 들으면 실망할 거야."

봉희 누나 목소리는 아주 작아졌어요. 더 이상 아무 소리도 문틈으로 새어 나오지 않았지요.

봉구는 재빨리 텔레비전을 켰어요. 집이 떠나가도록 음량도 키웠어요. 봉희 누나 방에서 무슨 소리가 새어 나오든 아무 말도 듣고 싶지 않았어요. 선풍기 바람이 어디서 새는지 따위는 이제 조금도 중요하지 않았어요.

"야, 시끄러워! 나 지금 중요한 얘기 한단 말이야!"

봉희 누나가 방문 밖으로 고개를 빼꼼히 내밀고 소리쳤어요. 그러거나 말거나 봉구는 심술이 나서 음량을 더 크게 키웠지요.

쾅!

봉희 누나가 방문을 세게 닫아 버렸어요. 방문 닫히는 소리가 마치 봉희 누나 마음이 쾅 닫히는 소리 같았어요. 봉구 눈에서 또 눈물이 뚝뚝 떨어졌어요.

텔레비전에서는 재미없는 뉴스가 나오고 있었지만 채널을 돌릴 기분이 아니었어요. 뉴스에서 뭐라고 떠들든 봉구 귀에는 봉희 누나 말만 쟁쟁했어요.

그렇게 멀뚱멀뚱 뉴스를 보고 있는데 '보라동'이라는 아나운서의 말이 귀에 쏙 들어왔어요. 보라동은 봉구네 동네 이름이었거든요.

"오늘 오전 보라동에 있는 한 보석상에서 2인조 도둑이 가짜 돈으로 진짜 보석을 바꾸어 달아났습니다. 경찰은 달아난 도둑들을 쫓고 있습니다. 한 명은 얼굴이 크고 눈썹이 짙으며 빨간 운동화를 신었다고 합니다. 비슷한 사람을 보신 분은 신고해 주시기 바랍니다."

봉구는 뉴스를 보고 있다가 잠꼬대처럼 중얼거렸어요.

"세상에서 가장 나쁜 건 가짜야."

그리고 잔뜩 화가 난 목소리로 소리쳤어요.

"난 진짜 동생이라고!"

봉구는 마당으로 뛰어나가 아빠를 찾았어요. 마당에서 라디오를 들으며 자전거를 고치고 있는 아빠한테 물었지요.

"아빠, 내가 봉희 누나 가짜 동생이에요?"

"아니."

아빠는 건성으로 대답했어요. 눈으로는 자전거를 보고 귀로는 라디오 소리를 듣고 있으니 봉구 말이 제대로 들릴 리가 없었지요.

이번에는 꽃밭에 물을 주고 있는 엄마한테 물었어요.

"엄마, 나는 봉희 누나 진짜 동생이지요?"

"그럼."

엄마도 건성으로 대답했어요. 아휴, 여기 싹 텄네, 여기 꽃 폈네, 하면서 꽃나무에 정신이 팔려 있으니 엄마도 봉구 말을 제대로 들었을 리 없었어요.

봉구는 누구 말도 믿을 수가 없었어요.

"할머니만은 진실을 말해 주실 거야."

봉구는 거실로 들어와 시골에 있는 할머니에게 전화를 했어요.

"할머니, 저 봉구예요. 여쭤볼 게 있는데요. 저, 봉희 누나 진짜 동생이죠?"

"그럼, 우리 봉구는 봉희 진짜 동생이지."

봉구는 그제야 마음이 놓였어요. 할머니가 거짓말하는 건 본 적이 없거든요.

"할머니, 지금 뭐 하세요?"

"전화받고 있지."

"전화받기 전에는 뭐 하셨어요?"

"만두 빚고 있었지."

"만두를 빚고 있었다고요?"

할머니와 더 오래 얘기하고 싶었지만 할머니가 만두를 빚고 있었다니까 길게 얘기하기가 곤란했어요.

'만두가 누구지? 털이 복슬복슬 나 있는 놈인가? 멋진 놈일까?'

봉구는 전화를 끊자마자 엄마한테 말했어요.

"엄마, 글쎄 할머니가 만두를 빚고 있대요."

"그래? 봉희가 만두 좋아하는데 잘됐네."

봉구는 걱정이 됐어요.

'봉희 누나가 만두를 좋아한단 말이지? 암만 봐도 엄마도 만두를 좋아하는 것 같아. 만약 만두가 집에 오면 그 녀석이 가족들의 사랑을 독차지하고 말 거야. 아무도 날 거들떠보지 않을 거야.'

봉구는 눈에 눈물이 가득 고여 앞이 보이지 않았어요. 팔뚝으로 눈물을 닦고 장난감 고무공과 장난감 뼈다귀를 보자기에 쌌어요.

'내가 없어져도 아무도 찾지 않겠지?'

일부러 발소리를 쿵쿵, 문소리를 쾅 내 봤지만 따라 나와서 붙잡는 사람은 아무도 없었어요. 막상 길 위에 서니 발이 떨어지지 않았지요.

"어디로 갈까?"

가짜로 진짜를 훔친 도둑과 마주칠까 봐 겁도 났어요.

"다시 돌아갈까? 아니야, 봉희 누나가 날 찾을 때까지 돌아가지 않을 거야."

봉구는 무거운 걸음으로 세탁소 앞을 지나고 편의점 앞을 지나고 경찰서 앞을 지나고 주유소 앞을 지나고 우체국 앞을 지나 집에서 점점 멀어졌어요.

배에서 꼬르륵 소리가 났어요.

"집으로 돌아가고 싶어."

봉구는 머리로는 집으로 돌아갈 구실을 찾으며 계속 걸었어요. 봉구가 골목을 막 돌아서는데 어른 남자 둘이 담 쪽으로 돌아서서 이야기를 나누는 게 보였어요.

"이 담이 낫지?"

"아니야, 이 담이 낫지."

가만히 들어 보니 어느 담이 <mark>낮은지</mark> 의논하고 있는 게 틀림없었어요. 둘 중 하나는 빨간 운동화를 신고 있었지요. 게다가 이 동네 이름은 바로 보라동.

　봉구는 무릎이 후들후들 떨리기 시작했어요. 둘이 무슨 얘기를 하나 좀 더 들어 보기로 했어요.

　"참, 그때 그 고양이를 놓친 게 바로 여기잖아."

"아, 쥐포 훔친 고양이?"

"저기서 잠깐 한눈팔고 있는데 그 녀석이 덤불을 헤치고 살금살금 다가온 거야. 휙 돌아본 순간 잽싸게 물고 가더군. 사람들을 헤치고 쏜살같이 달아나는데, 어찌나 빠르던지……"

"바로 여기서 담을 휙 넘어가 버리고 말았다 이거지?"

"그랬다니까."

"진작에 나랑 나눠 먹었으면 좋았잖아. 그나저나 이 색은 어디다 칠하냐고. 아무래도 이 담이 낫지?"

둘 다 페인트 통을 들고 있었지만 그건 도둑이 페인트공으로 위장하려는 수작이 틀림없었어요.

'도둑들이 낮은 담을 고르는 중이야. 담을 고른 다음엔 휙 넘어가서 휙, 휙, 휙, 휙! 그다음은 안 봐도 뻔해. 빨리 신고해야 해. 사나운 고양이도 한패였을 거야. 덤불이랑 사람들을 해치고 달아나다니. 아으, 무서워. 빨리 신고하자!'

솔직히 말해서 봉구는 집으로 돌아갈 일이 생겨 마음이 살짝 들떴어요. 물론 도둑들이 뒤를 돌아볼까 봐 겁도 났지만요. 무서울

때면 언제나 그랬듯이 봉구는 냅다 뛰기 시작했어요. 전봇대에 부딪히지 않게 조심하면서 정신없이 달렸어요.

경찰서에 도착하자마자 경찰 아저씨한테 큰 소리로 말했어요.

"저 골목 담 밑에 도둑들이 있어요! 가짜로 진짜를 훔친 그 도둑들 말이에요. 빨리 가 보세요. 빨리요, 빨리!"

"도둑이 확실하니?"

"확실할걸요?"

"알았다. 지금 가마."

경찰 아저씨 말이 떨어지자마자 봉구는 또 냅다 뛰기 시작했어요.

"빨리 집으로 가서 봉희 누나한테 도둑을 봤다고 말해야지! 깜짝 놀랄 거야!"

봉구는 보따리를 뱅뱅 돌리며 신나게 집으로 달려갔어요.

도둑들이 담 쪽으로 돌아서 있어서 아쉽게도 짙은 눈썹은 보지 못했지만, 빨간 운동화를 신고 있는 건 분명히 봤으니까 뉴스에서 말한 도둑이 틀림없다고 생각했어요.

"봉희 누나, 봉희 누나!"

봉희 누나는 텔레비전을 보다가 돌아보았어요.

"누나, 나 뉴스에 나온 도둑 봤어!"

"도둑?"

"가짜 돈으로 진짜 보석을 바꿔 가지고 달아난 도둑 말이야!"

예상대로 봉희 누나는 아주 깜짝 놀랐지요.

"그래서 어떻게 했어?"

"내가 신고했지!"

"정말? 안 무서웠어? 와, 우리 봉구 용감한걸."

봉희 누나가 우쭐거리는 봉구를 번쩍 들어 안아 주었어요.

"봉희 누나, 나 궁금한 게 있어!"

"뭐?"

"나는 진짜 동생이야, 가짜 동생이야?"

"너는 우리 가족이니까 진짜 동생이지."

"그렇지? 아싸!"

봉구는 집으로 돌아오길 참 잘했다고 생각했어요.

기분이 썩 좋아져서 이번에는 마당에서 줄넘기를 하고 있는 엄마한테 소리쳤어요.

"엄마, 궁금한 게 있어요!"

"뭐?"

"할머니는 언제 오세요?"

"내일 오신대."

"만두랑 같이요?"

"만두도 가지고 오신대."

봉구는 잠깐 뜸을 들였다가 큰맘 먹고 씩씩하게 외쳤어요.

"만두 오면 사이좋게 지낼게요!"

소리가 비슷해서

헷갈리는 말

해치다 VS 헤치다

호랑이가 가축을 해치다.

봉구가 물살을 헤치다.

낫다 VS 낮다

똥배 으엉~
그나마 낫다!!

젠장 담이 너무 높다~
담이 너무 낮다~

아주 중요한 질문!

봉희 누나가 학교 갈 채비를 하고 있는데 웬일인지 따라쟁이 봉구는 이불 속에서 나오지 않았어요. 감기에 걸렸거든요.

"에이취!"

으슬으슬 춥고 다리에 힘이 없고 몸이 달달 떨려서 가만히 엎드려 있었어요.

지각 대장 봉희 누나는 이 방 저 방 뛰어다니느라 바빴어요. 오늘도 지각하면 오리걸음으로 운동장을 스무 바퀴 돌아야 한다면서, 밥 한 술 입에 넣고 가방 챙기고 밥 한 술 입에 넣고 양말 한 짝 신고, 안 그래도 머리가 띵한데 아주 정신이 없었지요.

봉희 누나가 방에서 교과서를 챙기는 동안 거실에서 교복을 ==다리고== 있던 엄마가 버럭 화를 냈어요.

"좀 일찍 일어나면 얼마나 좋아! 고등학생 정도 됐으면 교복도 스스로 ==다려== 입어야지. 누굴 닮아서 저렇게 게으른 거야."

어느새 주방으로 달려 나와 밥 한 술을 막 입에 넣은 봉희 누나가 고개를 번쩍 쳐들었어요. 그리고 밥풀까지 튀겨 가며 냉큼 대답했어요.

"엄마가 날 ==낳았으니까== 엄마 닮았지 누굴 닮아."

봉구는 귀가 번쩍 띄었어요. 오늘은 봉희 누나가 무얼 하든, 신경 쓰고 싶지 않았는데 갑자기 봉희 누나의 모든 게 신경 쓰이기 시작했어요. 봉구는 가만히 엎드린 채 봉희 누나랑 엄마가 얼마나 닮았나 생각해 봤어요. 봉희 누나의 뾰족한 코는 엄마 코랑 아주 똑같아요. 작은 손도 엄마랑 똑같고요. 귀도 비슷하고 목소리도 비슷한 게, 봉희 누나가 엄마를 닮긴 정말 많이 닮았어요.

'나는 엄마도, 아빠도, 봉희 누나도 닮지 않았어. 나는 누가 ==낳았을까==?'

몸이 아파서 입도 뻥긋하고 싶지 않은 날이었지만 봉구는 너무나 중요한 질문이 생겨 가만히 엎드려 있을 수가 없었어요.

"엄마, 나는요? 나는 누가 낳았어요?"

엄마는 못 들었는지 다 다린 교복만 요란하게 탁탁 털어 댔어요. 봉희 누나가 "엄마, 실습비! 엄마, 실내화!" 하고 소리치니까 엄마도 덩달아 뛰어다니느라 대답할 틈도 없었어요.

어느새 교복을 단정하게 갈아입고 가방까지 둘러멘 봉희 누나가 소리쳤어요.

"엄마, 엄마, 도시락! 빨리, 빨리, 나 지각하겠어."

엄마는 후다닥 뛰어가 봉희 누나 손에 도시락 가방을 쥐어 주었어요.

봉구가 잽싸게 현관문을 가로막고 봉희 누나에게 물었어요.

"누나, 누나는 엄마가 낳았는데 나는 누가 낳았어?"

"아, 몰라."

"그럼 누나는 누구를 낳았어?"

봉구가 자꾸 캐묻자 봉희 누나가 빽 소리를 질렀어요.

"왜 자꾸 귀찮게 해! 이러다 지각한다니까!"

"누나는 누구를 낳았냐고!"

"내가 어떻게 낳아!"

봉희 누나는 현관문을 쾅 닫고 신발 소리를 요란하게 내며 학교로 달려갔어요.

집 안이 순식간에 고요해졌어요. 봉희 누나 한 사람이 빠져나갔을 뿐인데 집 안이 텅 비어 버린 듯했어요.

다른 때 같으면 봉구는 봉희 누나가 없는 동안 학용품도 만져 보고 양말이나 손수건을 물어뜯기도 했을 텐데 오늘은 그러지 않았어요. 다른 때라면 아끼고 아끼는 빨간 고무공을 굴리며 뛰어다녔을 텐데 오늘은 정말이지 아무 짓도 하고 싶지 않았어요.

아파서 그런 것만은 아니었어요. 외로워서였어요.

"봉구, 좀 괜찮아졌니?"

엄마가 와서 다정하게 물었지만 봉구는 자는 척만 했어요.

'나는 누가 낳았어요?'

다시 한번 엄마한테 묻고 싶었지만 아무도 안 낳았다고, 길에서

주위 왔다고 하면 어쩌나 겁이 났어요. 살며시 거실을 내다보니 엄마는 소파에 드러누워 코를 골고 있었어요.

'내 출생의 비밀을 알아내고 말 거야. 그 전엔 엄마를 엄마라고 부르지 않겠어!'

봉구는 눈물 없이는 볼 수 없는 슬픈 드라마의 주인공이 된 것만 같았어요.

간신히 몸을 일으켜 살금살금 밖으로 나왔어요.

'어딘가 내 궁금증을 풀어 줄 사람이 있을 거야.'

느린 걸음으로 세탁소 앞을 지나 편의점 앞을 지나갈 때였어요. 중학생 형들이 자동판매기 앞에 서 있는 게 보였어요.

첫 번째 형이 자동판매기에 돈을 넣자 덜그덩, 하고 사이다 캔이 굴러떨어졌어요. 두 번째 형이 돈을 넣자 덜그덩, 하고 오렌지 주스 캔도 굴러떨어졌어요. 닭이 알을 낳듯 자동판매기가 음료수 캔을 낳고 있었어요.

세 번째 형이 돈을 넣었는데 이번에는 아무것도 나오지 않았어요.

"뭐야, 이거. 돈만 먹었잖아!"

형들이 주먹이랑 팔꿈치로 자동판매기를 툭툭 쳤지만 아무것도 나오지 않았어요. 세 번째 형이 자동판매기를 발로 찼어요. 여전히 자동판매기는 꿈쩍도 하지 않았지요.

봉구는 형들이 길 끝으로 사라지고 나서야 자동판매기 앞으로 다가갔어요. 자동판매기에 어깨를 대니 따뜻한 기운이 느껴졌어요.

봉구는 힘없이 중얼거렸어요.

"너는 누가 낳았니?"

"나?"

봉구는 깜짝 놀라 자동판매기를 돌아보았어요.

"뭘 놀라고 그래? 나는 네가 말하는 게 더 놀라운걸."

"너, 살아 있는 거니?"

"아직 고장 나지 않은 거지."

"몸이 따뜻하네?"

"전류가 흐르니까."

자동판매기의 말투는 별로 상냥하게 들리지 않았어요. 하지만 허풍을 떨거나 거짓말을 할 것 같지는 않았어요.

"너는 알을, 아니 음료수를 낳는구나."

"교환하는 거야. 돈하고 캔하고. 너, 돈 있니? 주머니를 샅샅이 뒤져 봐. 단돈 천 원이면 돼. 천 원만 주면 시원하고 달콤한 음료수를 줄게."

봉구가 멀뚱히 서 있기만 하니까 자동판매기가 꽥 소리를 질렀어요.

"돈 없으면 집에 가서 달라고 해. 돈 가지고 와!"

돈 가지고 오라는 말이 '당장 꺼져!'라는 말처럼 들려서 봉구는 뒷걸음쳤어요. 빨리 자리를 뜨려고 했지요. 그런데 자동판매기가 시무룩해진 목소리로 말을 이었어요.

"미안, 내 기분이 지금 최악이거든. 넌 왜 그렇게 축 처져 있니? 너도 기분 안 좋아? 그래도 넌 나보다 낫겠지. 아까 나더러 누가 낳았냐고 물었지? 난 공장에서 만들어졌어. 근데 넌 낳아 준 부모가 있잖아. 그러니 네가 나보다 낫지."

"낳은 게 만든 것보다 뭐가 좋은데?"

"만든 건 갑자기 사라져도 아무도 슬퍼하지 않아. 세상에 똑같은 게 너무 많으니까. 하지만 낡은 게 사라지면 모두가 슬퍼해. 그건 세상에 단 하나뿐이니까. 사실은 나, 조금 고장 났어. 얼마 안 있으면 완전히 고장 날 거야. 난 버려질 거고 이 자리엔 새 기계가 오겠지. 내가 사라져도 아무도 날 기억하지 못할 거야."

"나는? 내가 사라지면?"

"네가 사라지면 네 가족은 반드시 널 찾아내고 말걸."

봉구는 자동판매기의 말을 한마디도 놓치지 않으려고 귀를 바짝 갖다 댔어요. 여전히 자동판매기는 피가 흐르는 동물처럼

따뜻했지요. 그때 자동판매기가 가만히 봉구 귀에 속삭였어요.

"혹시 저기 저 사람, 네 엄마 아니니?"

봉구가 뒤를 휙 돌아보자 엄마가 길을 건너오는 게 보였어요. 립스틱을 바르지 않으면 절대 문밖으로 나오지 않는 엄마가 핏기 없는 입술, 흐트러진 머리, 무릎 나온 트레이닝 바람으로 달려오고 있었어요. 엄마는 쩍 갈라진 목소리로 소리쳤지요.

"봉구야!"

봉구는 눈물이 핑 돌았어요. 엄마한테 달려갈까, 자동판매기 뒤로 가서 숨을까, 망설이고 있는데 엄마가 쏜살같이 달려와 봉구를 와락 안았어요. 엄마 품에 안기자 엄마 숨소리가 아주 크게 들렸지요.

"어휴, 한참 찾았네. 언제 여기까지 왔어."

봉구는 엄마의 헐떡거리는 숨소리에 자꾸만 눈물이 나려고 했어요. 머릿속은 더 뒤죽박죽이 되어 갔지요.

'궁금해요. 나는 엄마가 낳았어요? 왜 나는 엄마를 안 닮았어요?'

하고 싶은 말을 꾹 참았더니 목구멍이 간질간질했어요. 콧구멍도 간질간질했고요.

"에이취! 에이취!"

열도 나고 눈도 아프고 잠도 쏟아졌어요. 정신이 가물가물해지더니 엄마 목소리가 꿈속에서 들리는 듯했어요.

"참, 시골에서 가져온 약초가 있지. 집에 가서 달여 먹여야겠다. 그거 먹으면 감기가 뚝 떨어질 거야."

봉구는 약초를 다리면 과자처럼 바삭바삭해질까, 과자처럼 맛도 달콤해질까 생각하다가 스르르 잠이 들고 말았어요.

얼마나 지났을까. 높은 데서 떨어지는 꿈을 꾸고 깜짝 놀라 깨 보니 봉희 누나 방이었어요.

'꿈이었나? 틀림없이 엄마가 약초를 **다려** 준다고 했는데.'

봉구는 얼른 거실로 나가 다리미를 찾아보았어요. 봉희 누나 교복을 **다리던** 다리미가 말 잘 듣는 강아지처럼 탁자 옆에 다소곳이 놓여 있었어요.

주방으로 갔더니 마침 엄마가 작은 약탕기를 들고 나왔어요.

"푹 잤니? 그새 약초가 잘 **달여졌구나**."

엄마가 약초 **달인** 물을 짜서 숟가락으로 봉구 입에 떠 넣었어요. 맛이 아주 썼어요. 봉구는 과자처럼 바삭바삭한 약초를 먹을 수 있을 거라 기대했는데 아주 실망했지요.

"아으, 정말 써요."

"약은 써야 잘 **낫는** 법이야. 감기 빨리 **나아라**."

약초 물을 꿀꺽 삼키다가 봉구 귀가 번쩍 띄었어요.

"방금 빨리 **낳으라고** 했어요? 나도 **낳을** 수 있어요?"

"그럼, **나을** 수 있지. 감기는 병도 아니야. 네가 빨리 **나아야** 다

함께 시골 할머니 댁에 염소 보러 가지."

염소 보러 간다는 말에 봉구는 감기도 고민도 싹 날아간 것 같았어요.

"염소가 너무 보고 싶어요. 지금 할머니한테 전화해도 되죠?"

봉구는 얼른 시골 할머니에게 전화를 걸었어요.

"할머니, 지금 뭐 하세요?"

"전화받고 있지."

"전화받기 전까지 뭐 하셨어요?"

"염소 먹이 주고 있었지."

"우아, 염소 보러 가도 돼요?"

"보러 와도 되고말고"

"지금 감기 걸렸는데도요?"

"감기 걸렸으면 안 되지. 감기 다 낫거든 오너라. 지금 어미 염소가 새끼를 배고 있어서 감기 옮으면 안 된단다."

봉구 눈이 휘둥그레졌어요.

"어미 염소가 새끼를 베고 있어요?"

봉구는 심장이 오그라드는 줄 알았어요. 어미 염소가 새끼 염소를 정육점에 걸린 고기처럼 싹둑싹둑 베어 버리는 무서운 상상을 했거든요.

'에이, 아니겠지. 그럼 어미 염소가 새끼를 베개처럼 베고 있다는 건가? 새끼를 베면 새끼가 납작해질 텐데……'

봉구는 새끼 염소가 불쌍했어요.

"할머니, 우리 집에 베개 많은데 염소에게 하나 가져다주면 안 될까요?"

"나쁜 생각은 아니다만 염소에게 베개가 필요할지 모르겠구나. 베개는 놔두고 건강한 새끼를 낳게 해 달라고 기도나 해 주렴."

"어미 염소가 새끼 염소를 낳아요?"

봉구는 잠시 잊고 있었던 아주 중요한 질문이 떠올랐어요.

"할머니, 나는 누가 낳았어요?"

"너는 내가 오래 키웠던 해피가 낳았지. 지금은 하늘나라에 가고 없지만 털이 길고 부드럽고 아주 영리한 개였단다. 봉구 너는 해피를 꼭 닮았지."

봉구 가슴이 마구 뛰기 시작했어요. 입도 나팔꽃처럼 활짝 벌어졌어요.

"할머니, 나도 낳을 수 있어요? 나는 누구를 낳아요?"

"너는 낳을 수 없지. 너는 수컷이잖니, 게다가 너무 어리고. 하지만 언젠가는 너도 아빠가 될 거다."

"엄마는 음, 그러니까 봉희 누나 엄마는 나를 안 낳았는데 왜 내 엄마예요?"

"그 엄마는 너를 길러 줬지. 너는 얼마나 좋으냐, 낳아 준 엄마뿐 아니라 길러 준 엄마도 있으니."

봉구는 금방이라도 하늘로 튀어 올라갈 것처럼 가슴이 벅차올랐어요.

"빨리 감기 나아서 어미 염소가 새끼 낳는 거 보러 갈래요."

"그래라, 이 할미가 공을 많이 들였으니까 건강하고 예쁜 새끼를 낳을 거다."

봉구에게 퍼뜩 좋은 생각이 떠올랐어요.

"할머니, 저도 어미 염소한테 공을 하나 드려도 될까요? 빨간 고무공인데요, 저한테 하나밖에 없는 소중한 공이거든요. 틀림없이 어미 염소가 좋아할 거예요."

봉구는 세상을 다 가진 기분이어서 이제 고무공 하나쯤은 없어도 될 것 같았어요.

소리가 비슷해서

헷갈리는 말

베다 vs 배다

- 단칼에 베다!
- 오,오,오빤~ 염소 스타일 / 새끼를 배다.

드리다 vs 들이다

- 아끼는 뼈다귀를 선물로 드리다!!
- 시험에서 만점을 받기 위해 눈에 불을 켜고 노력을 들이다.

내 꿈은?

"내 꿈은 스튜어디스가 되는 거야."

봉희 누나가 숙제를 하다 말고 말했어요.

"내 꿈도 스튜어디스야!"

"칫, 따라쟁이."

봉구는 따라쟁이라는 말에 자존심이 상했어요.

"그래, 스튜어디스는 누나 꿈이지 내 꿈이 아니야."

봉구는 이다음에 뭐가 되면 좋을까 궁리해 봤지만 떠오르는 게 없었어요.

하늘을 보니 먹구름이 꾸륵꾸륵 소리를 냈어요. 비가 오려는 것 같았어요.

봉구는 물웅덩이를 철벅거리며 거리를 쏘다니고 싶었어요. 그래서 이다음에 뭐가 될지는 나중에 생각하기로 하고 당장 무슨 핑계를 대고 밖으로 나갈까 궁리하기 시작했어요.

마침 엄마가 봉희 누나를 불렀어요.

"봉희야, 이 편지 좀 부치고 올래?"

엄마 손에는 하얀 편지 봉투가 들려 있었어요.

"제가 갈래요! 봉희 누나 숙제하느라 바빠요!"

"그래? 그럼 봉구가 우체국에 가서 이 편지 좀 부치고 오렴."

봉구는 신이 났지요.

"편지만 붙이고 오면 되죠? 금방 다녀올게요."

봉구는 긴 장화에 비옷을 챙겨 입고 물안경을 썼어요. 편지는 비옷 주머니에 잘 넣었지요.

"편지 젖지 않게 조심해. 편지가 젖으면 글자를 알아볼 수 없거든. 우산을 받치는 게 좋겠다."

"우산을 바치라고요? 알았어요."

봉구는 편지와 우산을 들고 씩씩하게 집을 나섰어요. 비가 오기 시작했고 길에는 물웅덩이들이 생겼어요. 봉구는 물웅덩이를 골라 발을 구르며 우체국으로 갔어요.

"이 편지를 어디에다 붙이는 게 좋을까?"

봉구는 우체국 간판을 한참 올려다보았어요.

"송송 우체국이라, 어디에다 편지를 붙이면 잘 보일까?"

봉구는 '송송'과 '우체국'이라는 글자 사이에 껌으로 편지를 딱 붙였어요. 편지가 썩 잘 보였지요.

"이제 우산만 바치면 되는데 누구에게 바치면 좋을까? 여기 있는 사람 중에서 가장 특별한 사람에게 바치는 게 좋겠어."

봉구는 우체국 안으로 들어가 사람들을 둘러보았어요. 마침 집배원 아저씨가 봉구에게 알은체를 했어요. 봉구네 동네 보라동에서 말 좀 할 줄 아는 강아지 봉구를 모르는 사람은 거의 없거든요.

"봉구, 왜 왔니?"

"편지 붙이러요."

"편지 부치러? 내가 도와줄까? 편지는 어디 있니?"

"이미 저기 간판에 잘 붙였어요."

봉구는 간판에 붙어 있는 편지를 자랑스럽게 가리켰어요.

집배원 아저씨는 간판에서 편지를 떼어 내더니 창구로 가서 편지를 저울에 올려놓았죠. 창구에 앉아 있던 다른 아저씨가 저울을 보더니 우표를 붙이고 도장을 꽝꽝 찍었어요.

"편지를 부치는 건 이렇게 하는 거야."

집배원 아저씨는 편지 부치는 법을 친절하게 가르쳐 주었어요. 봉구는 집배원 아저씨가 어딘지 모르게 특별한 사람처럼 보였어요.

'이 아저씨한테 우산을 바칠까?'

봉구는 집배원 아저씨를 머리끝에서 발끝까지 살펴보았어요. 모자도 멋지고 가방도 멋졌어요.

"비가 그친 모양이네. 어서 편지들을 배달하고 와야겠어."

집배원 아저씨가 커다란 가방에 편지를 가득 넣으며 말했어요. 그리고 무거워진 가방을 어깨에 메고 우체국을 나섰지요. 봉구는 우산을 옆구리에 끼고 탐정처럼 집배원 아저씨 뒤를 밟았어요.

집배원 아저씨는 무지개 아파트로 가서는 우편함에 편지를 하나하나 넣었어요. 집배원 아저씨가 하는 일은 퍽 재미있어 보였어요. 봉구도 해 보고 싶어서 몸이 근질거렸어요.

집배원 아저씨가 무지개 아파트에 편지를 다 돌리고 색동 아파트 쪽으로 걸어가고 있을 때였어요. 횡단보도에서 할아버지 한 분이 길을 건너다 넘어졌어요.

빨간 신호등이 켜졌지만 할아버지는 금방 일어나지 못했어요. 많은 차들이 움직이지 못한 채 도로 위에 길게 줄을 지어 있었어요. 그중에 갈 길이 급한 차는 빵빵, 경적을 울리기도 했어요.

그때 집배원 아저씨가 재빨리 가방을 내려놓고 달려가 할아버지를 일으켰어요. 그리고 봉구가 신호등 뒤에 숨어 있는 걸 언제 눈치챘는지 황급히 외쳤어요.

"봉구야, 내가 할아버지를 병원으로 모시고 갈 테니 너는 이 가방을 메고 따라와라!"

"예!"

집배원 아저씨는 할아버지를 업고 병원으로 달려갔어요.

혼자 남은 봉구는 집배원 아저씨 가방을 들고 두리번거렸어요.

"이 가방을 어디에 매고 가지? 옳거니, 여기가 좋겠다."

봉구는 가방끈을 자전거 보관대에 맸어요. 그리고 우산을 옆구리에 끼고 집배원 아저씨 뒤를 쫓았어요. 집배원 아저씨는 병원에서 경찰서에 연락을 했고, 경찰서에서는 할아버지 가족에게 연락을 했어요. 집배원 아저씨는 가족들이 올 때까지 할아버지 곁을 지켰고요. 집배원 아저씨가 아니었으면 넘어진 할아버지는 큰일 날 뻔했지요. 봉구는 우산을 만지작거리며 결심했어요.

'좋아, 정했어. 우산은 집배원 아저씨에게 바치는 게 좋겠어!'

날이 저물어서야 병원 문을 나선 집배원 아저씨는 놀란 눈으로 봉구를 이리저리 살폈어요.

"그런데 봉구야, 왜 우산만 들고 있니? 내 가방은 어디 있어? 가방 메고 따라오라고 했잖아."

"걱정 마세요. 가방은 잘 매어 놓고 왔어요."

집배원 아저씨와 봉구가 횡단보도 앞으로 돌아와 보니 가방은 자전거 보관대에 그대로 매달려 있었어요.

"너무 어두워졌네. 이 편지들을 빨리 배달해야 할 텐데……."

"아저씨, 제가 도와드리면 안 될까요?"

"네가? 그럼 내가 편지를 벌여 놓을 테니, 네가 색동 아파트 101동부터 105동으로 가는 편지를 챙겨서 우편함에 넣어라."

"편지를 왜 버려요?"

"버리는 게 아니라 벌여 놓는다고."

봉구는 집배원 아저씨가 아파트 계단에 벌여 놓은 편지 중에서 101동에서 105동까지 배달해야 할 편지를 챙겼어요. 편지를 우편함에 넣을 때는 뻘뻘 땀이 났지만 선물을 나눠 주는 것처럼 뿌듯했어요.

"아저씨, 저도 크면 집배원이 될 수 있을까요?"

"그럼, 될 수 있지. 너는 영리하고 심부름도 잘하니까 좋은 집배원이 될 수 있을 거다."

"좋아, 이제부터 내 꿈은 집배원이야!"

봉구는 봉희 누나처럼 멋진 꿈을 가지게 되어 기뻤어요.

톡 톡 톡, 빗방울이 떨어졌어요.

집배원 아저씨가 허리를 쭉 펴고 하늘을 보았어요.

"또 비가 오는구나. 그래도 다행이다. 조금만 늦었어도 편지가 젖을 뻔했잖니. 봉구가 도와줘서 오늘 일을 무사히 마쳤구나. 고맙다."

"저는 아주 재미있었어요. 어, 비가 점점 많이 오네! 아저씨 멋진 옷이 다 젖겠어요."

봉구가 집배원 아저씨에게 우산을 내밀었어요.

"아저씨, 이거 가지세요. 제가 바치는 거예요."

아저씨가 눈을 둥그렇게 떴어요.

"너는 우산 안 받쳐?"

"지금 바쳤잖아요. 저는 우산 없어도 돼요. 비옷을 입었잖아요."

봉구는 기분이 날아갈 듯 좋았어요. 집으로 돌아올 때도 큰 물웅덩이를 골라 신나게 첨벙거렸지요.

봉구가 집 안으로 들어서자 엄마가 놀란 얼굴로 물었어요.

"왜 이렇게 늦었어? 편지는 잘 **부쳤니**?"

"예! 잘 **붙였어요**! 아, 참. 잘 **부쳤어요**."

"그런데 우산은 어디 있어? 잃어버렸니?"

엄마가 다시 물었어요. 봉구 모습이 꼭 물에 빠진 생쥐 같았거든요.

"우산은 집배원 아저씨께 **바쳤어요**!"

봉구는 큰 소리로 대답하고는 물안경과 비옷을 빨랫줄에 보기 좋게 걸었어요.

"아, 참! 깜빡 잊을 뻔했네!"

봉구는 봉희 누나 방에 대고 소리쳤어요.

"봉희 누나, 내 꿈은 집배원으로 바뀌었거든! 절대 따라하지 마!"

"뭐라고?"

방 안에서 만화책을 보고 있던 봉희 누나가 문밖으로 고개를 빼꼼 내밀더니 어리둥절한 표정을 지었어요.

　봉희 누나가 그러거나 말거나 멋진 꿈이 생긴 봉구는 아빠 흉내를 내며 혼자 콧노래를 흥얼거렸지요.

소리가 비슷해서

부치다 VS 붙이다

편지를 부치다!

귀신한테 부적을 붙이다.

히히히히히히~

바치다 VS 받치다

용왕님께 심청이를 바치다.

언제 뛸 거냐? 날 새겠다.
꾸벅꾸벅
덜덜덜

우산을 받치다.

같이 좀 쓰자!

헷갈리는 말

신발 화분

봉희 누나는 옷을 다섯 번이나 갈아입어 보고 엄마는 아침 일찍 미용실에 다녀오고 아빠는 코에 힘을 꽉 주고 코털을 깎느라 바빴어요.

나비넥타이를 매고 나니 딱히 할 게 없어진 봉구는 목을 길게 빼고 창밖을 내다보았어요.

"엄마, 할머니 오실 때 아직 안 됐어요?"

"오실 때가 됐는데 아직 안 오시네."

"할머니 오시나 안 오시나 보고 올래요."

"멀리 가지 마라."

봉구는 비뚤어진 나비넥타이를 바로잡으며 대문을 나섰어요. 마침 이웃집 웅이가 커다란 가죽 구두 한 짝을 품에 안은 채 지나가고 있었어요. 앞니 빠진 웅이가 봉구를 보고는 활짝 웃었어요.

"봉구야, 어디 가?"

"놀이터."

"그렇게 멋지게 하고?"

"놀이터 가서 할머니 오시나 안 오시나 보려고."

"그렇게 멋지게 하고 그다음엔 어디 갈 건데?"

"할머니랑 가족사진 찍으러 갈 거야."

"가족사진? 왜?"

"우린 매일매일 할머니가 보고 싶거든. 할머니도 매일매일 우리가 보고 싶대. 그래서 가족사진을 찍으려고. 우리 집이랑 시골 할머니 집에 하나씩 걸어 놓을 거야."

봉구는 웅이가 안고 있는 구두를 들여다보았어요. 구두 속에 흙이 가득했어요.

"그건 뭐니?"

"보면 몰라? 아빠 구두지."

"아빠 구두에 왜 흙이 가득해?"

"씨앗을 심었거든."

"그렇게 하면 구두를 못 신잖아."

"해어진 구두야. 해어졌다고 아빠가 버렸어."

웅이 말에 봉구는 코끝이 찡했어요.

'짝과 헤어져서 슬프고 외롭겠다.'

봉구는 구두를 살살 어루만져 보았어요. 그래도 웅이가 씨앗을 심어 줘서 다행이었어요. 싹이 트고 잎이 나고 꽃마저 피면 구두도 조금은 행복해질 테니까요.

"이거 어디 둘까?"

웅이가 주위를 둘러보았어요.

"볕이 잘 들고 바람이 잘 통하는 데가 좋을 거야. 놀이터에 두면 어때?"

"그래!"

봉구와 웅이는 씨앗 심은 구두 화분을 들고 놀이터로 갔어요.

"이제 어디 둘까?"

"미끄럼틀 위에 두면 어때?"

"그래!"

봉구와 웅이는 마음이 잘 통했어요. 미끄럼틀 위에 올라가니 큰길이 한눈에 보였어요. 햇볕도 따스하고 바람도 시원했어요. 봉구와 웅이는 한쪽 구석에 구두 화분을 잘 놓아두고 미끄럼틀을 타기 시작했어요.

"봉구야, 할머니는 언제 오셔?"

"곧 오실 거야. 여기서 보면 할머니 오시는 게 잘 보여. 여기가 이 근처에서 가장 높거든."

봉구는 미끄럼틀 위에서 할머니가 오시나 안 오시나 살펴보았어요. 웅이도 미끄럼틀 위에서 손바닥으로 햇빛을 가리고 큰길을 내다보았어요.

갑자기 웅이가 바지 주머니를 뒤적거렸어요. 그러더니 봉구 앞에 주먹을 내밀었어요.

"이거 너 줄까?"

주먹을 펴니 작고 까만 씨앗 여섯 개가 있었어요.

봉구는 씨앗을 받아서 주머니에 잘 넣었어요. 씨앗이 생겼으니 봉구도 화분이 하나 생겼으면 좋겠다고 생각했어요.

"야, 너희 할머니다!"

웅이가 소리쳐서 돌아보니 정말 할머니의 모습이 보였어요.

"우리 할머니다! 할! 머! 니!"

봉구는 냉큼 미끄럼틀을 타고 내려와 할머니한테 달려갔어요.

바지 엉덩이가 ==해어져서== 동전만 한 구멍이 난 줄도 모르고 살랑살랑 꼬리도 흔들었어요.

할머니 가슴에 달린 큐빅 브로치가 햇빛에 반짝이니까 안 그래도 반가운데 가슴이 더 설레었어요.

봉구는 할머니가 들고 있는 보따리에 코를 킁킁대 보았다가 재빨리 방향을 바꿔 집 쪽으로 달렸어요. 그리고 할머니보다 먼저

집에 도착해서 할머니가 왔다고 외쳤어요.

할머니가 집에 도착하자 아빠, 엄마, 봉희 누나 모두 멋진 차림으로 집을 나섰지요.

드디어 온 가족이 사진관으로 갔어요.

사진사 아저씨가 커다란 사진기 앞에서 큰 소리로 말했어요.

"거기 의자 있지요? 봉구는 거기 앉고 할머니는 그 옆에 앉으세요. 봉희는 가운데 서고 어머니와 아버지는 봉희 양옆에 서세요. 그리고 서 있는 사람들은 봉구랑 할머니를 감싸듯이 허리를 구부려 주세요. 이렇게요."

아저씨는 꽃봉오리 모양으로 손을 오므렸어요. 봉구만 빼고 모두 아저씨가 시키는 대로 했지요.

"봉구, 너는 왜 의자를 안고 있니?"

"방금 '봉구는 거기 안고 할머니는 그 옆에 앉으세요.'라고 그러셨잖아요. 그래서 저는 여기를 안고 있는 거예요."

"의자 안지 말고 사진기 보고 의자 위에 똑바로 앉아라. 그래야 얼굴이 잘 나오지."

"예."

봉구와 할머니가 앉아 있는 의자 뒤로 봉희 누나와 엄마, 아빠가 꽃봉오리처럼 허리를 구부리고 서서 마침내 다 함께 멋진 가족사진을 찍었어요.

"한 번 더 찍습니다. 할머니, 이를 드러내고 웃으세요. 그래야 예쁘게 나옵니다."

아저씨 말에 봉구는 두 눈을 휘둥그레 뜨고 할머니를 돌아보았어요. 그러고는 고개를 세차게 저었어요.

"안 돼요. 우리 할머니는 틀니를 들어내면······."

틀니를 들어내면 마귀할멈으로 변신한다는 말까지는 차마 할 수가 없었어요.

"하하하, 그럼 그냥 활짝 웃으세요. 자, 찍습니다."

봉구는 얼른 주머니에 손을 넣었어요. 꽃씨가 잡혔지요.

'이다음에 꽃에게 말해 줘야지. 우리 가족사진 속에 너도 있다, 이렇게.'

찰칵! 마침 봉구가 빙그레 웃었을 때 번쩍, 카메라 플래시가

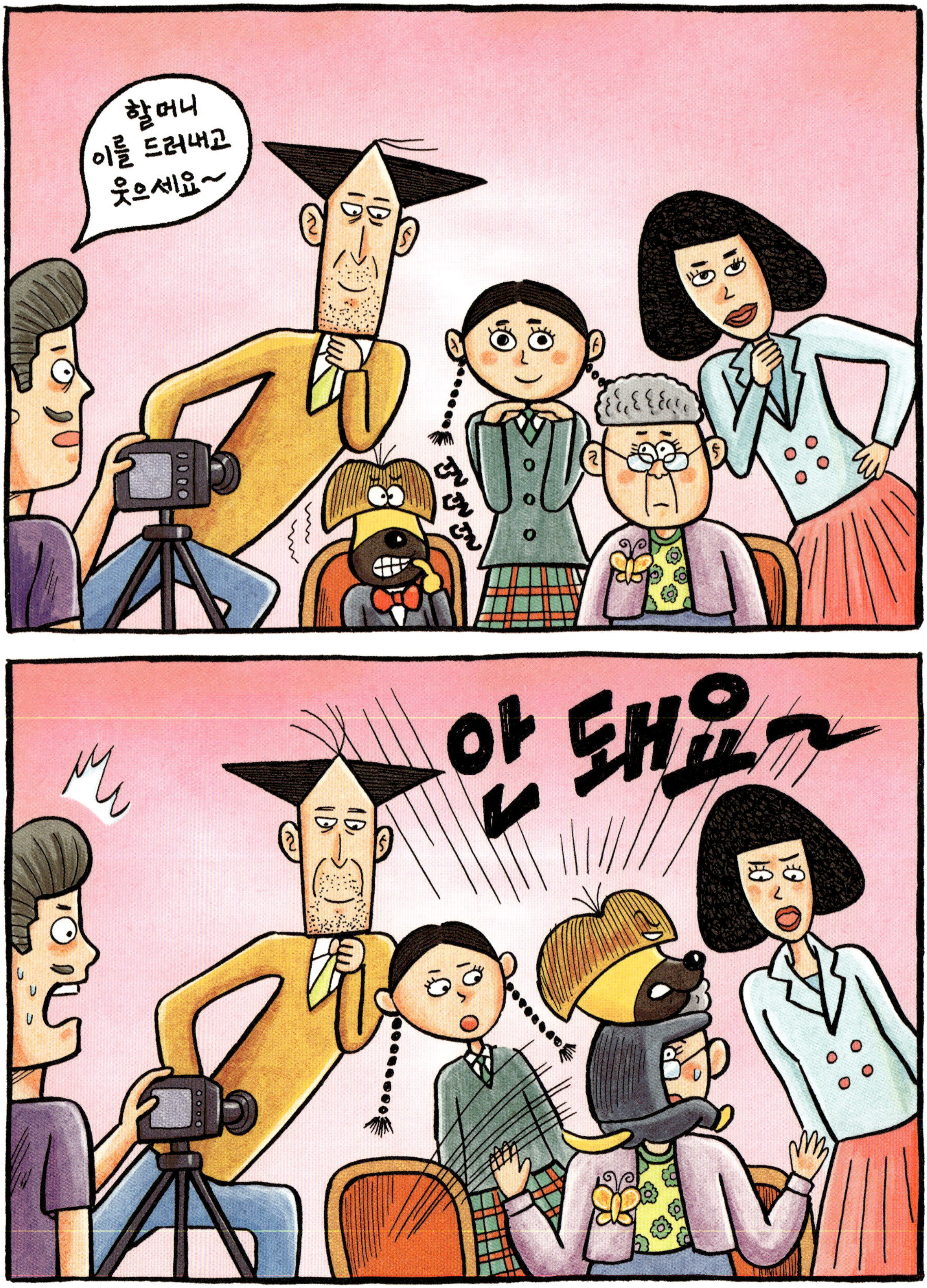
할머니 이를 드러내고 웃으세요~
덜덜덜
안 돼요~

터졌어요.

사진관에서 돌아와 보니 할머니가 들고 온 보따리가 집을 지키고 있었어요.

"어머니, 이게 뭐예요?"

"전에 가지고 오려고 챙겨 둔 건데 뒤뜰에 두고 깜빡했지 뭐냐. 보자기에 먼지가 잔뜩 쌓여 있더구나. 이번에는 잊지 않고 들고 왔지."

봉구는 할머니 말에 고개를 갸웃거렸어요.

'보자기에 싸인 게 먼지야? 과자도 아니고 곶감도 아니고 먼지란 말이지. 도대체 먼지를 뭐에 쓰지?'

봉구는 보자기에 싸인 먼지로 할머니가 먼지 찐빵을 만들고 먼지 국수도 만들고 먼지 스프도 끓이는 상상을 해 보았어요.

"할머니, 먼지 맛은 어때요?"

"글쎄다, 안 먹어 봐서 모르겠는걸."

그사이 보자기를 풀어 본 엄마 얼굴이 아주 환해졌어요.

"와, 이 도자기. 아주 귀한 거잖아요."

"시골에는 둘 데가 마땅치 않단다. 이제부터는 네가 보관해라."

"잘 보관할게요, 어머니."

할머니 얼굴도 엄마 얼굴만큼이나 환해졌지만 봉구는 입이 쑥 나왔어요.

'도자기라니. 먼지로 반죽을 해서 도자기를 만든 건가? 에이, 먼지 찐빵이나 먼지 국수를 만들었으면 더 좋았을 텐데…….'

봉구는 군침을 삼키며 도자기를 만져 보았어요. 먼지 맛을 볼 수 없게 되어 정말 아쉬웠어요.

"어디에 둘까?"

엄마는 도자기를 안고 놓을 자리를 찾았어요.

봉구는 주머니 속에 손을 넣어 꽃씨를 만지작거렸어요. 안 그래도 화분이 하나 생겼으면 했는데 도자기에 꽃씨를 심으면 딱 좋을 것 같았어요.

"엄마, 도자기에 꽃씨 심어도 돼요?"

"그건 안 되지. 이건 귀한 골동품이거든. 증조할머니께서 물려주신 거니까 소중하게 간직해야 한단다."

꽃씨를 심을 수도 없고 맛도 볼 수 없는 도자기가 봉구는 영 마음에 들지 않았어요.

"저도 어머니께 드릴 게 있어요."

엄마가 신발장을 열어 할머니 몰래 사 두었던 폭신한 효도화를 내놓았어요.

"신어 보세요. 어머니 발에 잘 맞을 거예요."

"지금 신고 있는 것도 아직 한참 신을 수 있는걸."

"아까 보니까 밑창이 다 떨어졌던데요. 새 신발 좀 한번 신어 보세요."

엄마가 자꾸 귀찮게 하자 할머니는 폭신폭신한 새 신발을 신어 보았어요. 발에 꼭 맞았지요.

할머니가 헌 신발을 보자기에 **싸려고** 하자 엄마가 말렸어요.

"어머니, 헌 신발은 너무 **해어졌으니까** 이제 버리세요. 헌 신발을 가지고 있으면 새 신발을 신을 기회가 없잖아요."

봉구가 얼른 끼어들었어요.

"아싸, 그럼 이거 버려요?"

봉구는 할머니 헌 신발을 품에 안고 물었어요.

"이거 내가 가져도 돼요?"

"뭐 하게?"

"꽃씨를 심으려고요. 꽃씨가 생겨서 화분이 필요했거든요."

다행히도 꽃씨를 심겠다고 하니까 할머니가 선뜻 헌 신발을 내주었어요.

할머니는 폭신폭신한 새 신발을 다시 신어 보았어요. 하룻밤 자고 날이 밝으면 할머니는 이렇게 새 신발을 신고 사뿐사뿐 가벼운 걸음으로 시골집으로 가겠지요.

봉구는 벌써 할머니와 헤어지는 게 슬펐어요. 할머니의 헌 신발도 할머니와 헤어지는 게 슬퍼 보였어요.

"신발 화분아, 슬퍼하지 마. 내가 꽃씨를 심어 주면 싹이 트고 잎이 날 거야. 그리고 아주 예쁜 꽃도 필 거야. 그때 무슨 꽃이 피었는지 내가 할머니께 전화로 말해 드릴게."

그제야 밑창 떨어진 헌 신발이 입을 쩍 벌리고 하하 웃는 것만 같았어요.

소리가 비슷해서

해어지다 VS 헤어지다

양말이 앞뒤로 해어지다.

"아롱이와 헤어지다."
"연락해도 안 받아~"

싸다 VS 쌓다

봉구가 이삿짐을 싸다.

"모래를 쌓다!"

탁구공, 테니스공, 장난감공

헷갈리는 말

안다 VS 앉다

사랑하는 코순이를 안다~

시소에 앉다~

내려 줘, 내려 달라고~

드러내다 VS 들어내다

꼬리를 드러내다.

봉구가 어디 숨었나?

뚝뚝뚝

틀니를 들어내다.

소리가 비슷해서 헷갈리는 말 뜻풀이

진짜 동생?

☆ **새다** 틈이나 구멍으로 조금씩 빠져나가거나 나오다.

세다 힘이 많고, 기세가 강하거나 크거나 빠르다.

☆ **빗다** 머리카락이나 털을 빗 같은 물건으로 가지런히 고르다.

빚다 흙이나 밀가루 같은 재료를 반죽하여 어떤 형태나 음식을 만들다.

☆ **해치다** 손상을 입혀 망가지게 하거나 다치게 하다.

헤치다 모여 있는 것을 흩어지게 하거나 방해가 되는 것을 좌우로 물리치다.

☆ **낫다** 다른 것보다 좋거나 앞서 있다.

낮다 아래에서 위까지의 길이가 짧아서 보통에 미치지 못한다.

아주 중요한 질문!

☆ **다리다** 주름이나 구김을 펴고 줄을 세우기 위해 다리미로 문지르다.

달이다 물을 끓여서 진하게 만들거나, 약재에 물을 부어 우러나도록 끓이다.

☆ **낫다** 병이나 상처 따위가 고쳐져 원래대로 돌아오다.

낳다 배 속의 아이 또는 새끼나 알을 몸 밖으로 내놓다.

☆ **베다** 날카로운 물건으로 어떤 것을 자르다. / 누울 때 어떤 것을 머리 아래에 받치다.

배다 사람이나 동물이 배 속에 아이나 새끼를 가지다.

☆ **드리다** 어른에게 건네어 가지게 하다. '주다'의 높임말.

들이다 어떤 일을 하기 위해 시간이나 노력, 재물을 쓰다.

내 꿈은?

☆ **부치다** 편지나 물건을 다른 사람에게 보내다.
　붙이다 맞닿아 떨어지지 않게 하다.
☆ **바치다** 신이나 어른에게 어떤 물건을 정중하게 드리다.
　받치다 어떤 것 밑이나 옆에 다른 물건을 대거나, 비 같은 것이 통하지 못하게 우산을 펴 들다.
☆ **매다** 끈의 두 끝을 엇걸고 당겨 풀어지지 않게 하거나, 줄로 어떤 물건을 다른 곳에 걸어 놓다.
　메다 어깨에 걸치거나 올려놓다.
☆ **버리다** 가지고 있을 필요가 없는 물건을 내던지거나 쏟다.
　벌이다 여러 가지 물건을 늘어놓다.

신발 화분

☆ **해어지다** 닳아서 떨어지다.
　헤어지다 모여 있던 사람들이 흩어지거나, 뭉치거나 붙어 있는 물건이 따로따로 떨어지다.
☆ **싸다** 어떤 물건을 상자, 가방, 천 안에 넣어 옮기기 좋게 꾸리다.
　쌓다 여러 가지 물건을 겹겹이 포개어 얹어 놓다.
☆ **안다** 두 팔을 벌려 가슴 쪽으로 끌어당기거나 그렇게 해서 품 안에 있게 하다.
　앉다 윗몸을 바로 한 상태에서 엉덩이에 무게를 실어 다른 곳에 몸을 올려놓다.
☆ **드러내다** 가려져 있거나 보이지 않던 것을 보이게 하다.
　들어내다 물건을 들어서 밖으로 옮기다.

웅진 주니어

해어진 신발과 헤어진 봉구는 헷갈려!

초판 1쇄 발행 2017년 7월 25일
초판 4쇄 발행 2025년 7월 28일
글쓴이 이주미 **그린이** 이경석
발행인 윤승현 **콘텐츠개발본부장** 안경숙
편집 박현종, 주수진 **디자인** 미르 **마케팅** 정지운, 박현아, 김지윤, 황지영 **제작** 신홍섭

펴낸곳 (주)웅진씽크빅
주소 경기도 파주시 회동길 20 (우)10881
문의전화 031)956-7523(편집), 02)956-7569, 7570(마케팅)
홈페이지 www.wjjunior.co.kr **블로그** blog.naver.com/wj_junior **인스타그램** woongjin_junior
출판신고 1980년 3월 29일 제 406-2007-00046호 **제조국** 대한민국 **사용연령** 7세 이상

글 ⓒ 이주미, 2017 | 그림 ⓒ 이경석, 2017
저작권자와 맺은 특약에 따라 검인을 생략합니다.
ISBN 978-89-01-21816-8 · 978-89-01-11048-6(세트)

웅진주니어는 ㈜웅진씽크빅의 유아·아동·청소년 도서 브랜드입니다.
이 책은 저작권법에 따라 보호받는 저작물이므로 무단 전재와 무단 복제를 금지하며,
이 책 내용의 전부 또는 일부를 이용하려면 반드시 저작권자와 ㈜웅진씽크빅의 서면 동의를 받아야 합니다.

잘못 만들어진 책은 바꾸어 드립니다.
⚠주의 1_책 모서리가 날카로워 다칠 수 있으니 사람을 향해 던지거나 떨어뜨리지 마십시오. 2_보관 시 직사광선이나 습기 찬 곳은 피해 주십시오.